Nantes
1870

Cochin, Augustin

Paris et la France, conférence faite au Cercle des Beaux-Arts de Nantes le 27 mai 1870

PARIS ET LA FRANCE

CONFÉRENCE

Faite au Cercle des Beaux-Arts de Nantes,
le 27 Mai 1870

PAR

M. AUGUSTIN COCHIN

MEMBRE DE L'INSTITUT

**Se vend au profit des Crèches et des Salles
d'asile de Nantes**

NANTES

IMPRIMERIE VINCENT FOREST ET ÉMILE GRIMAUD

4, place du Commerce

1870

PARIS ET LA FRANCE

Plus d'un orateur, embarrassé de son commencement, s'est servi de cette phrase banale : « La parole me manque pour exprimer ma reconnaissance. » Ce n'est pas la parole, c'est la voix qui me manque ce soir ; vous vous en apercevez déjà, et je suis obligé de vous imposer la fatigue d'entendre un orateur enroué. Heureusement, ma conférence n'est que le prétexte de cette réunion nombreuse, la bienfaisance en est le but véritable. Vous venez ici pour vous associer à la bienfaisance des dames de votre ville en faveur des enfants pauvres des crèches, des salles d'asile et de l'œuvre de la maternité. Si donc votre soirée est occupée par une mauvaise conférence et par une bonne action, elle ne sera pas perdue, et, quant à moi, je serai bien récompensé de mes efforts, puisque j'aurai pu seconder votre charité, remercier en votre nom les membres du Cercle qui nous accordent une si gracieuse hospitalité, et, surtout, trouver l'occasion d'exprimer à la Bretagne et à la ville de Nantes les sentiments que depuis longtemps elles m'inspirent.

J'appartiens, Messieurs, à votre ville par des souvenirs de famille et par des occupations qui, en me consacrant depuis bien des années à l'administration de votre chemin de fer, me mettent en rapport pour ainsi dire journalier avec ces petits enfants de vos salles d'asile, fils de vos ouvriers intelligents, et avec tous ces commerçants et ces armateurs qui ont maintenu Nantes au premier rang des villes de France, en ont fait le second de nos quatre grands ports maritimes, le premier marché d'exportation des céréales des côtes de l'Océan.

Mais je tiens surtout à Nantes et à la Bretagne par des côtés plus élevés. Tout citoyen français doit à la Bretagne, à la Vendée, à l'Anjou, à toute cette région dont votre ville est le cœur et le centre, un hommage de reconnaissance patriotique, car vous avez sauvé devant l'histoire notre honneur national. Comment la France se serait-elle lavée de la Terreur sans votre Vendée?

J'aime à joindre à ce grand souvenir des sentiments plus intimes et plus personnels. J'ai eu l'honneur d'appeler du nom d'ami deux grands citoyens de votre ville, et quand j'aurai prononcé leurs noms, vos souvenirs fidèles élèveront comme un arc de triomphe au-dessus de ma tête pour les inscrire en caractères glorieux. L'un, c'était le modèle de la probité, de la modestie consciencieuse, de l'aptitude universelle, de la sincérité libérale, de l'intégrité politique, c'était Victor Lanjuinais.

L'autre !... comment faire assez l'éloge de cet homme intrépide, qui, n'ayant à dépenser qu'une courte vie, a trouvé moyen de la donner trois fois, à l'armée, à la paix publique, à la religion? Vous avez tous nommé l'héroïque, aimable, et généreux Lamoricière.

Je suis fier de pouvoir invoquer de pareils noms et j'ai besoin de leur appui pour aborder une thèse hardie, qui est la défense de Paris contre les reproches de la France.

Je vous dirai simplement, Mesdames et Messieurs, pourquoi j'ai choisi ce sujet difficile et brûlant. Depuis la fin des agitations du plébiscite, tous les députés arrivent de province, irrités contre Paris, et proférant, au nom des départements, des cris de colère et presque de vengeance contre la capitale. Je ne puis être surpris de ces sentiments, lorsque je lis, comme je viens de le faire, il y a un quart d'heure, dans un des journaux qui se publient à Nantes (¹), un extrait d'un discours à la fois grotesque et sanguinaire, prononcé par un révolutionnaire fameux pour exalter et glorifier le Paris des barricades et de l'échafaud. Il est trop naturel que la France s'indigne contre de pareilles horreurs, et qu'elle réponde à ces cris de rage par des cris de colère! Je voudrais sortir avec vous de cette atmosphère passionnée, bannir toute exagération, et examiner ce qu'il y a d'excessif et ce qu'il y a de juste et de fondé dans les griefs de la France contre sa capitale. Vous trouverez bon que j'entre dans beaucoup de détails et que je m'élève en même temps dans les régions sereines de l'histoire, bien au-dessus de la politique du jour qui passe. C'est le vrai terrain à choisir pour trouver la vérité, et pour ren-

(¹) Citations de M. Félix Pyat dans l'*Union Bretonne* du 26 mai 1870.

contrer des points de contact au milieu de l'extrême diversité des opinions. Au pied de la montagne, les voyageurs, partis de lieux différents, sont séparés par la distance, la poussière et tous les accidents du terrain ; à mesure que l'on monte, on se rapproche même sans se voir, et on est toujours sûr de se rencontrer sur les sommets.

La France reproche à Paris ses développements et sa puissance, son importance matérielle et son importance politique, la place qu'il occupe et le rôle qu'il joue. Il est nécessaire de distinguer nettement ces deux griefs, ces deux questions, ces deux points de vue.

Les développements de Paris sont la conséquence de son histoire ou plutôt de l'histoire entière de la nation française. Vous ne vous attendez pas, Mesdames et Messieurs, à me voir refaire ces longues annales depuis César et depuis Clovis, ni essayer une sorte de *Guide de l'Étranger* en vous promenant à travers les monuments, les événements et les souvenirs, qui font de Paris un lieu unique dans le monde. Je me propose de rappeler seulement et à grands traits ce que Paris doit à la nature, à l'histoire, à la religion et à la science.

La Seine a fait Paris, comme la Loire a fait

Nantes, cela est évident, sans tomber dans la bévue pieuse de ce bon prédicateur qui s'écriait : « Dieu, par un admirable dessein, a fait passer tous les grands fleuves près des grandes villes ! » Vous n'avez qu'à ouvrir l'*Introduction à la Carte géologique de France*, œuvre éloquente et savante de M. Elie de Beaumont, pour comprendre que l'emplacement de la France et de Paris a exercé la plus grande influence sur leur destinée. La France, si bien assise entre deux mers, portant une race active sur un sol fécond et sous un ciel clément, est partagée par un massif de montagnes en deux régions distinctes : le pays du blé et le pays du vin.

Le sommet le plus élevé des montagnes, qui est le Cantal, forme un *pôle en relief,* d'où descendent les rivières, les routes et les populations vers un autre *pôle en creux,* placé au milieu de vallées concentriques, dont la plus fertile et la plus centrale portait autrefois le nom caractéristique d'*Ile de France.* Ce pôle est précisément l'emplacement de Paris, situé à peu de distance du blé, du vin, de la pierre, du plâtre, du bois, et ayant ainsi tout ce qu'il faut pour loger et nourrir une vaste population, desservie par cette bonne ménagère pacifique qu'on appelle la

Seine, qui n'a jamais les caprices et les colères de la Loire, et qui s'en va doucement au marché, aidée par de nombreux affluents, pour rapporter à la ville toutes les provisions nécessaires.

Rapprochez maintenant, Messieurs, la carte géologique de la carte militaire, et vous verrez que tous les contreforts des vallées, que tous les défilés des collines sur lesquelles les géomètres ont planté leur compas et dessiné des ombres sont autant de remparts et de défenses naturelles sur lesquelles les soldats ont planté des drapeaux et livré des combats. Ces points géologiques se nomment dans l'histoire militaire de 1814, Montmirail, Ligny, Bar-sur-Aube, Valmy et les défilés de l'Argonne !

C'est assez de détails, Messieurs, pour vous prouver ce que la nature a fait pour Paris, et vous ne me reprocherez pas d'être entré dans ces détails, car il n'y a pas de plus grande satisfaction pour l'esprit que de constater sous des phénomènes matériels des lois et des desseins providentiels qui, sans gêner en aucune façon la liberté des hommes, nous la montrent protégée et conduite par une volonté supérieure.

Sur le théâtre ainsi construit vous savez quels ont été les acteurs et quel a été le drame. C'est l'histoire tout entière de la France qui s'est déployée en abrégé dans Paris. Aussi cherchez sur nos places les rois et les grands hommes qui ont fondé Paris, ce sont les mêmes rois et les mêmes grands hommes qui ont fondé la France ; c'est à la barrière du Trône Philippe-Auguste et saint Louis, au Pont-Neuf Henri IV, à la place des Victoires Louis XIV, à la place Vendôme Napoléon, au front de l'Hôtel-de-Ville Etienne Marcel, Bailly, Turgot, et si la postérité était juste, Paris imiterait Nantes, et elle élèverait une statue à l'un de ses bienfaiteurs, au mieux intentionné et au plus infortuné des rois, à Louis XVI !

Entrez au musée de Cluny si vous voulez voir le plus ancien monument de Paris. C'est une pierre sur laquelle il est écrit que les bateliers de Paris ont élevé cet autel à Jupiter, sous l'empereur Tibère, puis allez de là à l'arc-de-triomphe de l'Etoile lire tous les noms des villes et des champs de bataille de l'Europe et du monde, où les soldats français ont porté nos drapeaux victorieux. Ces deux monuments mesurent en quelque sorte la taille de la France et les développements de Paris, et l'on pouvait, il y a quelques années, s'amuser à rapprocher aussi la petite industrie des bateliers de la

Seine, de la grande galerie ouverte à l'industrie parisienne à l'Exposition universelle pour calculer, à côté des progrès de la puissance, les progrès du travail dans la grande cité. Il faudrait, pour être complet, raconter encore l'histoire de la langue française, parallèlement à l'histoire de la race française; montrer toutes les langues et les patois venant se fondre peu à peu dans une langue unique et centrale, de même que toutes les provinces se sont peu à peu associées dans une vaste unité nationale. J'aimerais à caractériser la lente formation du génie de notre littérature dans ce beau pays baigné au midi par les mers qui côtoient la patrie de Virgile et la patrie d'Homère, mais ouvert du côté du nord à toutes les influences des littératures septentrionales, double courant dont le confluent est encore Paris, capitale incontestée de l'esprit français, de la langue française si majestueuse au XVIIᵉ siècle, vive et claire au XVIIIᵉ, familière, souple et animée au XIXᵉ siècle.

En annonçant hier ma conférence dans des termes dont la bienveillance m'a touché, un journal de votre ville (¹) rappelait que la religion a beaucoup fait

(¹) L'*Espérance du Peuple,* article de M. Desplantes.

pour Paris. Cela est parfaitement exact, et les Parisiens ne devraient jamais l'oublier. L'histoire de la religion à Paris est caractérisée par des noms immortels et par des monuments admirables. C'est saint Denis qui fut à Paris ce que saint Clair fut à Nantes; puis sainte Geneviève et sainte Clotilde, et enfin les deux hommes dont la race humaine a peut-être le droit d'être le plus fière, saint Louis, le roi, et saint Vincent de Paul, le pâtre. Notre-Dame, la Sainte-Chapelle, le Panthéon, sont les réponses monumentales que la religion oppose à ceux qui prétendent qu'elle ne fait rien pour les arts, tandis qu'elle est la seule puissance qui réunisse et encourage à la fois tous les arts, l'architecture, la sculpture, la peinture, la musique, et même les arts inférieurs, l'orfévrerie, la broderie, en un mot, toutes les expressions sublimes ou délicates du beau, rien n'étant trop éclatant et trop beau pour être offert au père de la lumière et de la beauté.

Et si l'on voulait savoir ce que la religion a fait pour les peuples à Paris comme ailleurs, il faudrait s'incliner en passant devant les chaires d'où sont tombées les semences évangéliques. Les enfants se demandent, en voyant le laboureur jeter ses grains dans le sillon, pourquoi il répand ainsi de la poussière qu'emporte le vent. Mais nous savons bien que nous devons à ce travail mystérieux le pain blanc que deux fois par jour nous trouvons sur la table de nos familles. Il en est ainsi de la parole évangélique. S'il y a quelque vertu dans nos foyers, quelque droiture dans nos consciences, si les enfants de l'Europe traversent un air plus pur et plus libre que les autres hommes, nous le devons à l'Evangile.

Une profonde empreinte de ce grand travail est restée dans Paris et n'a jamais été effacée. Paris est une ville charitable; la religion lui avait donné des universités et des écoles, passées maintenant dans d'autres mains, mais elle y fonde tous les jours des hôpitaux, des maisons de secours et de retraite, des sociétés ouvrières, des salles d'asile comme les vôtres. On dit quelquefois que Paris est une Babylone. Ce nom appartient précisément dans Paris à une rue qui, par un singulier rapprochement, est bordée par deux établissements admirables, l'un qui prépare des missionnaires pour convertir des païens, l'autre qui destine au secours de toutes les souffrances les sœurs de la charité.

Après la nature, l'histoire et la religion, Paris doit ce qu'il est à la science. Ce serait un lieu commun que de décrire Paris, considéré comme capitale des sciences, des lettres, des arts, des découvertes, et je n'ai pas à vous promener du Collége de France à la Sorbonne, de la Faculté de Droit à la Faculté de Médecine, et du Louvre à la Bibliothèque impériale. Ce sont des gloires anciennes et incontestées. De nos jours, la science a fait subir à la ville de Paris une double transformation : c'est la science qui a fait de Paris le siége d'une immense industrie et le centre d'une immense population. Je vous fatiguerais en entrant dans le détail des industries parisiennes, et je puis les résumer d'un seul mot. Le principal produit de Paris, c'est l'ouvrier parisien, je veux dire cette élite des ouvriers de tous les métiers, dessinateurs, constructeurs, ajusteurs, typographes, qui, dans la dernière Exposition universelle, ont assuré à l'industrie française le sceptre du goût, de la qualité, de la perfection. On peut dire qu'en matière industrielle, Paris est la première manufacture d'hommes. D'autres pays sont supérieurs par le bois, le fer, la laine, l'or ou l'argent; la France et Paris l'emportent par l'esprit.

J'attribue à la science une seconde transformation de Paris et à la fois de toutes les capitales, de toutes les grandes villes; je veux parler de cette agglomération rapide des habitants qui a suivi dans tous pays l'application de la vapeur à la locomotion. Sous l'influence d'une cause physique, la vapeur; d'une cause politique, la liberté; et d'une cause morale, l'instruction, il s'est fait comme une nouvelle répartition des hommes sur la terre ; et, depuis cinquante ans, toutes les grandes villes ont doublé. Pour ne parler que des capitales de l'Europe, habitées par deux millions d'êtres au commencement de ce siècle, elles sont maintenant peuplées par plus de huit millions. C'est un fait que la morale, la politique et la poésie s'accordent à déplorer, mais qui se produit partout avec l'impérieuse rigueur d'une loi inévitable.

Voilà, Messieurs, comment s'est formé Paris. La nature, la religion, la science y ont mis la main autant que l'histoire. Si nous étions sur les bords de la Seine, je pourrais rendre tout ce que je viens de dire visible et vivant devant vos yeux. Vous n'avez qu'à vous placer, par une belle soirée d'été, sur le pont de la Concorde, et vous verrez se dresser et s'animer devant vous toutes les scènes et tous les acteurs du drame. D'un côté, la monarchie, représentée par les Tuileries, dont l'immense emplacement atteste assez l'importance du rôle de la monarchie dans notre histoire ; sur l'autre rive, la liberté plus ou moins bien représentée par le palais du Corps législatif, autour duquel viennent se grouper peu à peu tous les ministères. Plus loin, le Louvre, capitale des arts, en face de l'Institut, capitale des sciences et des lettres ; devant vous, au fond, et tout autour de la ville, les quartiers populeux du travail borné par les gares, vastes écluses d'où se répandent les flots de la population nouvelle. Au milieu, le fleuve paisible de la Seine, enlaçant de ses deux bras l'antique berceau de la cité, semblable à un navire qui porterait les deux premiers biens des hommes : la justice dans le palais de saint Louis, et la religion dans Notre-Dame.

Voilà Paris, son histoire et sa physionomie, tels qu'ils apparaissent aux yeux d'un spectateur dont vous pardonnerez facilement l'enthousiasme, parce qu'il est un échantillon d'une race à peu près disparue et qu'un peu trop tôt on a déclarée éteinte, la race des Parisiens !

C'est dans cette ville, sur les hauteurs de Montmartre, que pendant une nuit du mois de mars 1814, un officier russe et un officier autrichien s'entretenaient, dit-on. L'un disait à l'autre : Voilà donc cette cité que nous avons tant désiré tenir dans nos mains ! Nous ferions bien d'y mettre le feu. — Gardons-nous en bien, répondait l'autre. Incendier Paris ne serait que détruire une ville. Laisser vivre Paris, c'est détruire la nation ; car Paris est le fléau de la France.

Je crains bien, Messieurs, que plus d'un habitant de la Bretagne et de la Franche-Comté ne soit prêt à souscrire encore à l'heure qu'il est à cette parole sinistre. Oui, plus d'un esprit généreux et sincère croit la France en décadence et accuse Paris d'être la principale cause de ce malheur. Nous avons examiné les développements de Paris dans l'histoire ; discutons maintenant sa conduite et son rôle dans la politique. Croyez bien que vous me trouverez ici juste et sévère. Le hasard de la naissance qui nous attache à un lieu ne peut se comparer à l'amour raisonné que chaque citoyen porte à sa patrie tout entière. Je suis une fois Parisien, mais cent mille fois Français.

A ce point de vue, Français, je suis porté à croire que nous gémissons trop sur nos destinées. Nous sommes presque tous tristes. Pourquoi ? Ce n'est pas parce que notre siècle a été témoin de crimes,

de forfaits et de calamités inconnues dans les autres
siècles. C'est bien plutôt parce que nous avions fait
de plus beaux rêves et qu'ils ont été déçus. Nous
jugeons notre temps à travers nos espérances plus
encore qu'à travers nos infortunes. On dirait en
effet que la France depuis cent ans est poursuivie
par ce mauvais sort que les Napolitains appellent la
jettatura. Nous mettons à la voile pour de magni-
fiques traversées et nous échouons au port. Voyez
quelle série de déceptions! Le magnifique mouvement de 1789 est suivi de la débauche sanguinaire
de 1793. La renaissance de l'ordre et de la gloire
au beau moment du consulat conduit à l'empire
dont les victoires, plus que compensées par les revers, laissent la liberté captive et la France envahie.
Quel printemps merveilleux que le commencement
de la Restauration ! Comme la conscience humaine
semble soulagée, l'admiration facile, l'avenir ra-
dieux, sous l'accord des antiques principes et des
libertés nouvelles ; mais cette trop courte saison est
bientôt assombrie par les nuages noirs qui conte-
naient le coup de foudre de 1830. La France re-
trouve cependant un gouvernement honnête, éclai-
ré, libéral, pour retomber encore dans les fautes qui
amènent 1848, révolution suivie de ce beau mou-

vement de 1849 où la France semblait prête à se sauver elle-même, et pour toujours, lorsque les sanglantes journées de juin ramènent la force au pouvoir et la liberté en exil. De belles heures de victoire, de paix, de prospérité, suivies de fautes trop connues ; une admirable renaissance libérale interrompue par des agitations inquiétantes, telle est l'histoire du moment même où je parle et la série se continue ainsi des espérances aux déceptions sous le poids singulier de ce mauvais sort dont je parle et qui vient sans cesse anéantir les plus nobles efforts.

Oui, je le répète, il y a de quoi être triste ; mais n'oublions pas cependant que, durant ce siècle agité, la France a doublé sa production, triplé ses écoles, décuplé son commerce et qu'elle n'a pas un seul jour perdu la possession de l'égalité civile et de la liberté religieuse, ces biens qui ont coûté tant de combats à nos pères, ni le goût de la liberté politique, but sacré que tous les partis ne cessent pas de poursuivre, en dépit de tous les revers.

Nous ne sommes pas assez fiers de ces grands progrès de la nation, nous oublions le prix de nos victoires, nous oublions surtout les causes de nos revers. Quelles sont-elles donc et quelle part a eu Paris dans nos malheurs?

Je n'apprends rien à personne en répondant que l'esprit despotique, l'esprit démagogique et l'esprit d'immoralité, sont les trois ennemis qui ont épuisé les forces de la société moderne et préparé ses défaites et je conviens que ces trois fléaux ont dans Paris leur siége principal. Je ne suis donc pas surpris qu'on accuse Paris de menacer tantôt la paix, tantôt la liberté, tantôt la croyance et les mœurs de la société française. Mais, je vous le demande de bonne foi, s'agit-il ici d'une maladie locale ou d'une maladie générale ? Croyez-vous donc en être vous même exempt ? Le despotisme, il est dans les lois ; la démagogie, elle sort des défauts de l'organisation industrielle ; l'immoralité, elle est dans les esprits. Paris souffre autant et plus que vous de ces fléaux qu'il répand. Il est le siége du mal ; il n'est pas le mal lui-même.

Ce n'est donc point Paris que la France doit détester et attaquer ; elle doit détester et attaquer les maux dont Paris souffre avec elle. Et nous ne nous tirerons point de nos malheurs par des violences, des réactions, des répressions de la province contre Paris, mais par un triple mouvement que je définirai en trois mots : mouvement national vers la liberté et la décentralisation ; mouvement moral vers la religion et l'instruction ; mouvement social vers l'amélioration du sort de ceux qui travaillent et qui souffrent.

Travaillons ensemble, Messieurs, à guérir les maux communs ; sachons les reconnaître et les attaquer avec énergie et ne nous laissons pas dire qu'ils sont où ils ne sont pas.

Vous me trouverez probablement bien optimiste. Je l'étais par caractère et je ne m'en repens pas ; croire au beau temps encourage à mettre à la voile. Je le suis devenu maintenant par système, parce que je me suis aperçu du mal qu'on avait fait à la France à diverses époques en y entretenant et en y exploitant la peur, tantôt la peur de la liberté, tantôt la peur de la religion, aujourd'hui la peur de Paris et la peur du socialisme.

N'entendez-vous pas chaque jour, Messieurs, répéter ces phrases banales : *Où allons-nous ? La société est perdue, il n'y a plus de bases, un gouffre est sous nos pieds.* Or, la vérité, c'est que la vie a toujours été un combat, que la société n'est jamais perdue, qu'il y a des bases, et qu'il n'y a pas de gouffre.

Vous savez bien que la vie est un combat, vous, Nantais, dont l'histoire depuis le IIIe jusqu'au XIXe siècle n'offre qu'une série de combats, guerre avec les Romains, guerre avec les Normands, guerre entre Bretons, guerre contre les Anglais, guerre contre les Français, guerre de religion, guerre de la Vendée, sans parler de la guerre contre la Loire, l'Océan et la concurrence étrangère, lutte de ce siècle, bien plus douce qu'autrefois, et dont vous triomphez si vaillamment ! Quant aux bases de la société, je voudrais bien demander ce qu'ils en pensent non pas à vos administrateurs ou à vos savants, mais à ces vieux matelots que je voyais ce matin sur les quais de la Fosse, revenant des Antilles, de la mer du Sud ou de la côte d'Afrique. J'avais envie de leur demander : « Est-il facile de commercer dans ces pays-là ? — Non, m'auraient-ils répondu. Les habitants ne savent pas ce que c'est que le travail, parce qu'ils ignorent la propriété, ni la bonne foi, parce qu'ils ne croient pas en Dieu, ni l'économie, parce qu'ils ne vivent pas en famille. — Il n'y a donc pas de société sur la côte d'Afrique, faute du travail, de la propriété et de la famille, et l'absence de ces biens-là rend les peuples sauvages ?

» Sans aucun doute, répondraient les vieux matelots. — Que ferait-on donc des Français, si on leur retirait ces mêmes biens ? Des sauvages. »

Et on appelle cela les *idées nouvelles*, le *progrès*, l'*avenir*, et vous avez peur de voir crouler notre société si laborieusement, si justement fondée sur le travail, la famille, la propriété, la religion! Ce sont là, croyez-moi, des entreprises insensées et, par conséquent, ce sont aussi des frayeurs chimériques.

Il en est de même des frayeurs et des haines que l'on voudrait exciter entre la France et Paris. On nous divise pour nous dominer ; on nous brouille, pour nous mieux brider. J'ai lu dans un recueil de légendes bretonnes une petite histoire qui me semble très-bien résumer le profit que les puissants ont toujours su tirer à toute époque des divisions civiles. La légende est intitulée le *Coucou*, et sans doute vous la connaissez tous. Je parle d'une vieillerie comme si elle était une découverte, à peu près comme Lafontaine parlait de Baruch. Il paraît qu'en Bretagne on croit que le chant du coucou porte bonheur. Deux frères travaillaient au même sillon, lorsqu'un coucou chanta. C'est pour moi, dit l'un, que le coucou vient de chanter. — Non, dit le second, c'est bien pour moi. — Et voilà la guerre allumée! — Adressons-nous au juge, il saura nous dire la vérité. Le juge était malin, il interroge les plaideurs sur toutes les circonstances par *oui* ou par *non*, puis il dit à chacun : Mettez-là un petit écu, je vais vous dire pour qui de vous le coucou a chanté.

Et mettant aussitôt les deux écus dans sa poche, il ajouta : Vous voyez bien que le coucou a chanté pour moi !

Ce petit apologue servira de conclusion à cette conférence familière.

Pardonnez à Paris ses développements et sa grandeur, car ils sont la conséquence de votre propre histoire et une des causes de l'ascendant de l'esprit français sur le monde civilisé.

Ne pardonnez pas à Paris l'esprit despotique, l'esprit démagogique et l'esprit immoral, qui sortent tour à tour comme des fumées malsaines de son enceinte tumultueuse, mais reconnaissez dans ces maux les maladies générales de la nation française au XIXe siècle, et au lieu de nous diviser, sachons nous réunir tous ensemble, habitants de Paris et citoyens du reste de la nation, pour faire la guerre à la centralisation, la guerre à l'impiété, la guerre à la misère. C'est tourner le dos au vrai péril, c'est préparer le chemin à tous les despotismes que de nous laisser plus longtemps diviser par la haine et effrayer par des fantômes. Paris sera sans danger le jour où la France sera sans peur !

Nantes, imp. Vincent Forest et Emile Grimaud.

www.ingramcontent.com/pod-product-compliance
Ingram Content Group UK Ltd.
Pitfield, Milton Keynes, MK11 3LW, UK
UKHW020009130726
13694UKWH00005B/2181